FROHE OSTERN
MIT
ANSELM GRÜN

FROHE OSTERN
MIT
ANSELM GRÜN

HERDER

FREIBURG · BASEL · WIEN

FROHE OSTERN

Die winterliche Zeit zu Beginn des Jahres ist ein Bild für die Brachzeit auch unserer Seele: Alles in uns liegt gleichsam unter der Schneedecke und wartet darauf, dass es im Frühling aufblühen kann. In der Zeit vor Ostern sind wir eingeladen, Frühjahrsputz zu halten für Leib und Seele. Wir befreien uns von unnötigem Ballast. Wir ziehen uns auf uns selbst zurück, damit in uns das Wesentliche, das Eigentliche zum Vorschein kommt. Wir verlangsamen unser Leben, damit wir mit uns selbst in Berührung kommen und klarer sehen, wohin wir gehen wollen. Und wir üben Haltungen ein, die unserem Leben Halt geben, vor allem die Haltung der Freiheit. Innere Freiheit tut uns gerade in einer Zeit, in der wir uns ständig nur abhängig fühlen, besonders gut.

Wenn die österliche Zeit beginnt, spüre ich in mir immer etwas von der freudigen Erwartung auf Ostern. Es ist die Ahnung, dass an Ostern neues Leben in mir und in den Menschen um mich herum wach wird. Es ist nicht nur der Frühling, der aufbricht und uns mit neuer Lebendigkeit erfüllt. Es ist in der Tiefe meines Herzens das Vertrauen, dass Gott an Ostern alles Erstarrte in mir zum Leben erweckt.

So wünsche ich Ihnen, dass Sie in diesen Tagen manches bewusst langsamer und behutsamer angehen, um immer mehr zu sich selbst zu kommen, damit an Ostern das volle Leben in Ihnen aufblüht und für Sie und die Menschen um Sie herum zum Segen wird.

Ich wünsche Ihnen, dass Sie Fesseln, die Sie binden, hinter sich lassen und dass Sie aufstehen aus dem

Grab von Dunkelheit und Resignation, hinein in die Weite und Freiheit der Auferstehung.

Ihr Anselm Grün

INHALT

1 Heil werden 11
2 Den eigenen Weg finden 17
3 Ein anderer Blick 23
4 Frühling für Leib und Seele 30
5 Freiheit trainieren 39
6 Dem Leben nicht ausweichen 47
7 Die Liebe überwindet den Tod 55
8 Das Geheimnis unserer Befreiung 63
9 In der Tiefe 71
10 Das Fest des Lebens 77

1

HEIL WERDEN

Die Zeit vor Ostern heißt auch österliche Bußzeit. Das Wort Buße ruft bei vielen negative Assoziationen hervor. Sie verbinden Buße mit Bußwerken, mit Trauer und Reue und Zerknirschung. Das deutsche Wort »büßen« heißt eigentlich: »bessern, besser machen, wiedergutmachen, wiederherstellen, heilen«. Fastenzeit ist also eine Zeit, in der wir versuchen, es besser zu machen als sonst.

Die Mönche singen in der Vigil der Fastenzeit einen Hymnus, der das eigentliche Ziel der Fastenzeit in wunderbaren Bildern beschreibt: »Maßvoll lebe der Leib, wachsam und lauter sei der Geist, dass der Weg dieser Zeit Durchgang zur Auferstehung sei. Die Erde zu heilen, schuf Gott diese Tage. Zeichen schauen wir nun, Irdisches wird zum Bilde hier, denn das kreisende Jahr lässt nach des Winters Frost und Nacht den Frühling die Erde für Ostern bereiten.«

Durch die Fastenzeit möchte Gott nicht nur das menschliche Herz, sondern die ganze Erde heilen. Er möchte uns und die ganze Welt auf Ostern vorbereiten, damit das Leben, das Gott uns ursprünglich zugedacht hat, von Neuem erblühe.

Was wir dazu tun können, damit Ostern wird, das hat die Tradition mit Buße beschrieben. Wir verbinden Buße meistens mit irgendwelchen Bußwerken. Aber eigentlich besteht die Buße darin, dass wir unser Leben achtsamer und behutsamer leben, dass wir unsere Arbeit besser machen als sonst, dass wir intensiver beten, dass wir unsere Beziehungen bewusster pflegen und ganz im Augenblick leben. Die österliche Zeit lädt uns dazu ein, unser Herz wieder bewusst an Gott zu binden und von Gott her unseren Alltag zu durchschreiten.

Buße heißt: wiederherstellen und heilen. Unser Leben ist oft genug beschädigtes Leben, Leben, das sich von den Verletzungen bestimmen lässt. In der österlichen Zeit sollen wir unsere Verletzungen beobachten und sie Gott hinhalten. Dadurch können sie geheilt werden. Wenn wir geheilt werden, wenn wir heil werden und ganz, dann wird auch von unserem Leben Segen und Heil für andere ausgehen.

2

DEN EIGENEN WEG FINDEN

Ein anderer Ausdruck für Buße ist Umkehr. Mit »umkehren« übersetzt das Deutsche das lateinische Wort *convertere:* »umwenden, verwandeln«. Das Wort bezieht sich auf einen Weg, auf dem man wieder umkehrt. Wir gehen oft falsche und irrige Wege. Die Zeit vor Ostern lädt uns ein, unsere Wege genauer anzuschauen. Wohin gehe ich? Auf welchem

Weg gehe ich? Führt der Weg weiter? Ist es der richtige Weg? Bin ich überhaupt auf dem Weg oder bleibe ich stehen und komme nicht vom Fleck? Was ist mein innerer Weg? Von Zeit zu Zeit müssen wir unsere Wege überprüfen. Wir halten inne und fragen uns, ob es sich lohnt, einfach weiterzugehen. Wenn wir erkannt haben, dass es ein Irrweg oder Umweg oder ein Holzweg ist, dann sollten wir umkehren, um den Weg zu finden, der uns zum Ziel führt, zum Ziel unserer Menschwerdung und zu Gott als dem letzten Ziel unseres Weges.

Weg ist seit je ein Ursymbol für das menschliche Leben. Lukas nennt in der Apostelgeschichte den christlichen Glauben den »neuen Weg«. Es ist ein Weg, der neue Horizonte eröffnet und uns in eine neue Lebendigkeit hineinführt. Jesus spricht vom weiten Weg, der ins Verderben führt, und vom engen Weg, auf dem wir zum Leben finden. Der weite Weg ist der Weg, den alle gehen. Sie machen sich keine Gedanken. Sie tun, was alle tun. Sie richten sich nach der Masse, nach den Massenmedien, nach der Meinung der anderen. Der enge Weg ist der Weg, der nur für mich bestimmt ist. Ihn zu finden kostet einige Mühe. Ich muss mich fragen, was meine innerste Berufung ist. Was ist meine Stärke? Was möchte ich in dieser Welt verwirklichen? Welche Spur möchte ich auf meinem Lebensweg in diese Welt eingraben? Ist es meine eigene Lebensspur, der ich folge, oder folge ich den Spuren anderer? Die österliche Zeit lädt uns ein, den Weg zu finden, auf dem wir die einmalige Gestalt verwirklichen können, die Gott uns zugedacht hat. Es kann sein, dass wir auf dem Weg, den wir gerade gehen, umkehren müssen, um unseren Weg zu finden.

So eine innere Umkehr kann geschehen, wenn wir es wagen, uns selbst in der Stille auszuhalten. Dann kommt das, was wir nach unten verdrängt haben, nach oben. Dann will das Unterste, dass wir es anschauen und ihm den angemessenen Platz in unserem Leben einräumen. Durch das Umwenden und Umkehren werden wir verwandelt. Das ursprüngliche und unverfälschte Bild Gottes in uns wird sichtbar.

3

EIN ANDERER BLICK

Das griechische Wort, das wir oft mit »umkehren« übersetzen, heißt »metánoia«. Eigentlich meint es: umdenken, anders denken, seinen Sinn ändern. Für die Griechen beginnt die Umkehr beim Denken. Der Mensch wird das, was er denkt. Daher gilt es, auf unsere Gedanken zu achten, wie weit sie uns krank machen, wie weit sie uns nach unten ziehen, in uns

Unzufriedenheit und Bitterkeit erzeugen. Wir meinen, wir würden objektiv denken. Aber in Wirklichkeit sind unsere Gedanken geprägt von vielen Vorurteilen und von unseren Emotionen. Wer ärgerlich ist, sieht die Menschen von seinem Ärger aus. Er kann nicht mehr klar denken.

Die österliche Zeit lädt uns ein, unser Denken zu erneuern. Wir sollen prüfen, was wir denken, wie weit wir uns mit unseren Gedanken selbst schaden. Entspricht unser Denken der Wirklichkeit oder verfälschen wir die Realität? Woher nehmen wir die Deutung der Wirklichkeit? Wenn ich meinen Beruf und meine Arbeit negativ deute, als Ausbeutung, als langweilig, als Überforderung, werde ich sie so auch erleben. Von meinem Denken hängt ab, wie ich mich fühle, wie ich den Menschen um mich herum begegne und wie ich meinen Alltag erfahre. Denke ich das, was alle um mich herum denken oder denke ich die Gedanken Gottes?

Paulus fordert uns im Römerbrief auf, unser Denken zu überprüfen: »Passt euch nicht dieser Welt an, sondern gestaltet euch um, indem ihr euer Denken erneuert, damit ihr beurteilen könnt, was der Wille Gottes ist; was gut, ihm wohlgefällig und vollkommen ist« (Römer 12,2). Wenn wir mit den Augen Gottes die Wirklichkeit sehen, werden wir klar erkennen, was für uns gut ist und was uns ganz macht und heil, was uns zum wahren Leben führt.

»Meta« kann nicht nur »anders« heißen, sondern auch »nach, hinter«. Dann meint es, dass wir hinter die Dinge sehen, dass wir den wahren Hintergrund erkennen. Wir sehen oft nur die Oberfläche. Wir sehen, was in der Welt geschieht. Aber wir erkennen den Sinn nicht. Wir sehen die Natur, aber wir blicken nicht durch die Schönheit der Schöpfung auf den Schöpfer. Erneuerung unseres Denkens würde heißen, dass wir hinter die Dinge schauen, dass wir Gott als den eigentlichen Grund allen Seins erkennen. Wir müssen dieses neue Schauen einüben. Es geht nicht von alleine. Wir hören auf, über einen Menschen und über die Dinge zu urteilen. Wir schauen den Menschen an. Wir sehen seine Fehler und Schwächen, aber wir sehen dahinter, auf seine Lebensgeschichte und auf seine eigentliche Gestalt, wie sie sich Gott ausgemalt hat. Wir sehen auf die Geschehnisse unseres Alltags und erkennen in ihnen Gottes Handeln. Wir schauen in die Landschaft und sehen in ihr den Geist Gottes, der alles durchweht und durchdringt.

Es braucht Übung, bis wir so schauen können, dass wir die Menschen und Dinge nicht bewerten und beurteilen, sondern sie einfach in ihrem Geheimnis stehen lassen und sie wohlwollend anschauen. Dann denken wir hinter die Dinge, dann sehen wir in allem Gott.

4

FRÜHLING FÜR LEIB UND SEELE

In den letzten Jahrzehnten hat nicht nur die Kirche, sondern auch die Medizin das Fasten wieder neu entdeckt. Jahrzehntelang reduzierte man die Fastenvorschriften immer mehr. Man verstand nicht mehr, was der Sinn des Fastens war. Wer sich in der Fastenzeit dazu aufrafft, eine Woche lang zu fasten, nichts Festes zu essen, sondern nur viel zu trinken, Tee oder

Wasser oder Säfte, der wird erfahren, wie wohltuend das Fasten ist. Nach den Anlaufschwierigkeiten am ersten und zweiten Tag wird er kein Hungergefühl mehr haben. Er wird sich freier fühlen. Seine Hände werden durchlässiger, feinfühliger. Er wird wacher durch die Natur wandern. Und er wird in seinen Bewegungen langsamer. Er wird von ganz allein Hektik vermeiden. Er bekommt ein Gefühl dafür, dass die Hetze ihm nicht gut tut.

Es kann sein, dass wir im Fasten erst einmal unserem Ärger und unserer Unzufriedenheit begegnen.

Im Alltag kennen wir ja den Mechanismus, dass wir immer dann zu viel essen, wenn wir enttäuscht sind oder uns alleine fühlen. Dann stopfen wir unseren Ärger oder unsere Einsamkeit mit Essen zu. Wir wollen uns nicht mehr spüren. Aber dieser Weg macht uns nur noch unzufriedener.

Im Fasten geben wir diesen lähmenden Mechanismus auf. Wir stellen uns unserer Wahrheit. Wir gehen gemeinsam mit Jesus in die Leere der Wüste, um dort mit uns selbst konfrontiert zu werden. Nur wenn wir diese Konfrontation aushalten, werden wir wie Jesus unseren Weg zu Gott in Klarheit und Entschiedenheit gehen können.

Fasten reinigt und entschlackt den Körper. Das, was sich an innerem Unrat angesammelt hat, wird ausgeschieden. Man könnte das Fasten als Frühjahrsputz für Leib und Seele bezeichnen. Man könnte diesen Frühjahrsputz aber auch wörtlich nehmen. Das körperliche Fasten könnte sich ausweiten auf ein Reinigen und Entschlacken meines Alltags. Das fängt bei der Wohnung an. Wo möchte ich etwas entrümpeln, Überflüssiges weggeben? Wo möchte ich etwas verschenken, wovon möchte ich mich trennen? Der Frühjahrsputz kann sich aber auch auf meine Aktivitäten und Gewohnheiten beziehen. Wo sollte ich mein Tagesprogramm entschlacken, meine Hetze entschleunigen?

Das körperliche Fasten wird uns nur dann helfen, wacher und freier zu werden, wenn es mit dem geistigen Fasten verbunden ist. Fasten und Beten gehören zusammen. Das Fasten unterstützt das Beten. Wir können uns besser auf das Gebet oder auf die Meditation einlassen.

Vor allem aber intensiviert das Fasten unsere Fürbitte für andere Menschen. Oft genug beten wir nur im Kopf für den Freund oder die Freundin, die in Not sind. Wenn ich aber einen ganzen Tag bewusst für einen anderen Menschen faste und bete, dann spüre ich es leibhaft. Ich werde den anderen mit mir tragen. Mein Körper zwingt mich, an ihn zu denken. Ich werde im fastenden Beten eins mit dem anderen. Ich spüre eine neue Nähe zu ihm. Für wen möchte ich einmal bewusst fasten und beten? Wo spüre ich, dass ich mit Gesprächen nichts mehr ändern kann, dass ich mit meiner Hilfe ohnmächtig bleibe? Es ist das Paradox, dass gerade dann, wenn wir im Fasten unsere Vitalität schwächen, unser Gebet intensiver zu Gott steigt. Wir bekennen im Fasten unsere Ohnmacht und halten sie Gott hin. Wir spüren, dass wir auf Gottes Hilfe angewiesen sind. Und wir dürfen darauf vertrauen, dass Gott an den Menschen denkt, für den wir fasten.

Fasten war seit je mit Erleuchtung verbunden, mit Nachtwachen und Beten. Wer fastet, bekommt leuchtende Augen. Es ist, als ob ein Schleier von seinen Augen weggezogen wird. Er braucht weniger Schlaf und kann so wachend beten. Und er wird klarer träumen. Von jeher haben die Mystiker vom Fasten erhofft, dass sie dadurch offen werden für das innere Licht Gottes, das in ihrer Seele leuchtet. Das Fasten bringt uns in Berührung mit dem inneren Raum des Schweigens, in dem Gott selbst in uns wohnt. Es führt uns in die innere Heimat, in der wir in uns selbst daheim sein dürfen, weil Gott, das Geheimnis, in uns wohnt.

5

FREIHEIT TRAINIEREN

Viele verbinden mit dem Begriff »Fasten« negative Gefühle. Sie müssten auf Süßigkeiten verzichten und schöne Feste unterlassen. Sie sollten keinen Alkohol trinken. Was ist der Sinn des Verzichtens? Man könnte das Verzichten als Training in die innere Freiheit verstehen. Der Sportler, der für einen Wettkampf trainiert, verzichtet auf manche Annehmlichkeiten. Aber er tut es gerne, weil er ein Ziel hat. Er ist stolz, wenn er seine Laufzeit verkürzt oder wenn er ein paar Zentimeter weiter oder höher springt. Ich kenne Menschen, die in der Fastenzeit bewusst auf Alkohol verzichten. Sie möchten sich selbst beweisen, dass sie keine Alkoholiker sind. Sie sind stolz auf sich, wenn sie es fertigbringen, sieben Wochen lang keinen Tropfen Alkohol zu trinken.

Das gibt ihnen das Gefühl, dass sie noch selber über sich bestimmen können, dass sie nicht abhängig sind vom Alkohol. Sie leben noch selber, anstatt von ihren Bedürfnissen gelebt zu werden.

Der Verzicht ist ein Test, ob ich wirklich frei bin. Ich möchte mir beweisen, dass ich weder vom Alkohol noch vom Kaffee abhängig bin, dass ich auch ohne diese Suchtmittel leben kann. Wenn ich mir das bewiesen habe, darf ich sie mir auch wieder guten Gewissens gönnen. Ich möchte mir beweisen, dass ich über mich selber verfügen kann. Die Griechen nennen diese Art von Freiheit *Autarkie*. Autarkie besteht darin, über sich selbst zu verfügen, sich selbst zu besitzen, über sich selbst zu bestimmen. Indem wir über uns selbst entscheiden können, entdecken wir unsere menschliche Würde. Denn wenn ich abhängig bin von Menschen oder von Dingen, dann beeinträchtigt das meine Würde. Zur Würde gehört die Freiheit.

In der Fastenzeit wollen wir uns aber nicht nur testen, ob wir frei sind. Wir üben uns vielmehr ein in diese innere Freiheit. Wir wissen um unsere Abhängigkeiten. Und wir werden diese Abhängigkeiten nie absolut überwinden. Aber wir können uns für eine bestimmte Zeit beispielsweise dazu trainieren, aufs Autofahren zu verzichten, den Fernseher zu verschließen, den Alkohol wegzulassen, weniger Kaffee zu trinken. Dieses Training darf aber nicht grimmig geschehen. Wer als Sportler verbissen trainiert, kommt nicht weiter. Es braucht das Spielerische, die Lust am Training. Und es braucht Fantasie, ein Trainingsprogramm aufzustellen, das uns Spaß macht.

Wer trainiert, hat bestimmte Ziele. Was ist das Ziel dieser Fastenzeit? Was möchte ich eintrainieren? Wohin möchte ich kommen? Wenn ich das Ziel weiß, werde ich auch Wege finden, diesem Ziel näher zu kommen. Ich kann mir überlegen, was ich in dieser Fastenzeit trainieren möchte und wie ich das Training so gestalten kann, dass es mir Freude bereitet. Der Sportler spricht sein Trainingsprogramm mit seinem Trainer durch. Der heilige Benedikt empfiehlt seinen Mönchen, ihr Trainingsprogramm mit dem Abt als dem geistlichen Trainer abzusprechen. Er soll zu Beginn der Fastenzeit aufschreiben, was er sich als Trainingspunkte ausgedacht hat, worauf er verzichten und was er ausprobieren möchte, wo er auf andere zugehen und wo er sein eigenes Leben neu ordnen möchte. Er zeigt dann seinen Zettel dem Abt und bittet ihn um dessen Segen. Auf diese Weise hat er mehr Motivation, sein Trainingsprogramm auch durchzuführen. Wenn ich es nur mit mir selbst ausmache, finde ich viel zu leicht Ausreden. Wenn ich mit einem anderen bespreche, wie ich die Fastenzeit gestalten möchte, dann habe ich einen Ansporn, es auch zu tun. Das wird mir gut tun und vielleicht auch den andern anregen, mit dem ich das Fastentraining besprochen habe. Mit wem möchte ich mein Trainingsprogramm besprechen? Wen möchte ich als Trainingspartner haben, damit ich meinem Ziel näher komme?

6

DEM LEBEN NICHT AUSWEICHEN

Mit dem fünften Fastensonntag beginnt die Passionszeit. In dieser Zeit meditieren die Christen in besonderer Weise den Leidensweg Jesu. Eine beliebte Form der Meditation ist der Kreuzweg. Man geht die 14 Kreuzwegstationen und versenkt sich in jede dieser Leidenssituationen Jesu. Andere lesen in dieser Zeit die Leidensgeschichte Jesu, wie sie uns die vier Evangelien aufgeschrieben haben. Oder sie hören die Matthäus- oder Johannespassion von *J. S. Bach*. Die Texte der Liturgie laden uns ein, uns dem leidenden Jesus zuzuwenden. Doch warum sollen wir uns mit der Passion Jesu beschäftigen? Braucht Jesus unser Mitleid?

Indem wir uns in das Leiden Jesu versenken, stellen wir uns dem eigenen Leiden. Ob wir wollen oder nicht, irgendwann trifft uns ein Leid. Ein lieber Mensch stirbt. Der Sohn oder die Tochter entwickelt sich anders, als wir erhofften.

Ein unlösbarer Konflikt in der Familie oder am Arbeitsplatz martert uns. Wir werden krank und hadern mit unserem Schicksal. Wir leiden an uns selbst, weil wir unseren eigenen Erwartungen nicht entsprechen, weil unsere Lebensträume zerbrochen sind. Wer ehrlich seinen Weg geht, wird dem Leiden an sich selbst nicht entrinnen. Irgendwann werden wir an unserer Endlichkeit, Vergänglichkeit und Fehlerhaftigkeit leiden.

Wir schauen auf das Leiden Jesu, um uns mit dem eigenen Leid auszusöhnen. Das Leid darf sein. Es gehört zu mir. Ich suche es mir nicht aus.

Aber es trifft mich. Und es fordert mich heraus, wie Jesus nach einem neuen Gottesbild Ausschau zu halten. Wer ist dieser Gott, der mir dieses Leid zumutet? Und was ist das Leben, dass es nicht ohne Leid auskommt? Was ist der Mensch, dass er an sich selbst so leidet?

Wir meditieren die Passion Jesu, um uns zu vergewissern, dass wir in unserem Leid nicht allein gelassen sind. Jesus ist alle Stationen unseres Leidens abgeschritten. So brauchen wir unseren Weg nicht alleine zu gehen. Er geht ihn mit uns. Im Blick auf

Jesus fühlen wir uns nicht allein auf unserem Leidensweg. Und wir erkennen, dass unser Leid nicht sinnlos ist. Es hat wie die Passion Jesu ein Ziel: Durch die Bedrängnisse dieser Zeit zur Auferstehung zu gelangen, durch die Leere zur Fülle, durch die Gottferne in die nicht mehr endende Nähe Gottes zu finden. Wer in seinem Leiden einen Sinn entdeckt, kann es auf andere Weise tragen. Er kann aufrecht durch das Leiden gehen. Wenn er darauf vertraut, dass das Leiden ihn läutert, dann öffnet er sich auf diesem Weg immer mehr für Gott. Er wird die Erfahrung machen, dass das Leben ihn zu Gott führt.

Wir machen uns Gedanken, wie wir zu Gott finden, welche Methoden wir anwenden müssten, um besser beten zu können, um in der Meditation Gottes Nähe intensiver spüren zu können. Aber das sind oft genug selbst erdachte Wege. Das Leben, sowie Gott es uns zumutet, mit seinen Freuden, aber auch mit seinen Leiden, mit seinen Licht-, aber auch mit seinen Schattenseiten, mit seinen Stärken, aber auch mit seinen Schwächen, führt uns zu Gott. Wir müssen uns nur aussöhnen mit unserem Leben und uns in die Situationen unseres Lebens hineinmeditieren. Dann nimmt uns das Leben alle Illusionen, als ob wir unseren Weg zu Gott selbst bestimmen, als ob wir durch eigene Leistung uns die Zuwendung Gottes erkaufen könnten. Gerade das Leiden zerbricht unser Ego, das alles an sich raffen möchte, das auch Gott noch für sich benutzen möchte. Wenn wir uns wie Jesus vom Leid durchkreuzen lassen, werden wir auch erleben dürfen, dass das Kreuz uns für Gott und für das wahre Leben aufbricht.

7

DIE LIEBE ÜBERWINDET DEN TOD

Mit dem Palmsonntag treten wir in die eigentliche Feier von Tod und Auferstehung Jesu ein. Wir beginnen das Gedächtnis des Leidens Jesu mit einem Triumphzug. So wie Jesus damals in Jerusalem einzog und als König gefeiert wurde, so ziehen wir mit Palmzweigen in die Kirche ein. Wir bekennen mit der Palmprozession, wer dieser Jesus ist, der bereit ist, den Weg des Kreuzes zu gehen. Er ist der Messias, der uns in die Freiheit führt, und der König, der über alle Welt herrscht. Indem wir Jesus als dem wahren König folgen und ihm mit unseren Liedern huldigen, üben wir uns selbst in unsere königliche Würde ein.

Wir alle sind Könige und Königinnen. Wenn uns das Leiden trifft, dann sollten wir uns immer daran erinnern, dass in uns eine göttliche Würde wohnt. So wie Jesus als König den Weg der Schmach abgeschritten ist und auch in der tiefsten Erniedrigung noch um seine göttliche Würde wusste, so kann auch uns das Leid nicht zerschmettern. Es kann uns zwar wie Jesus verstummen lassen, es kann uns in die Einsamkeit und Traurigkeit führen. Aber es kann uns unsere Würde nicht nehmen. So steht zu Beginn der Leidenswoche der Triumph Jesu, der zugleich auch das Ziel seines und unseres Leidensweges angibt.

Für viele sind die ersten Tage der Karwoche Arbeitstage. Dennoch sollten wir diese heilige Woche anders gestalten als sonst. Für mich gehört es zu meiner persönlichen Liturgie der Karwoche, dass ich mir in aller

Ruhe die Johannes- und Matthäuspassion von *J. S. Bach* anhöre. Und ich lese in Evangelienkommentaren, um dem Geheimnis von Jesu Passion nahezukommen. Ich spüre, dass ich die Leidensgeschichte Jesu nie zu Ende meditieren kann. Es taucht immer wieder neu die Frage auf: Was hat die Passion Jesu für einen Sinn? Was heißt es, wenn wir in der Liturgie bekennen, dass Christus uns durch seinen Tod am Kreuz erlöst hat? Warum musste die Erlösung gerade so geschehen? Wie kann ich mein eigenes Leiden angesichts der Passion Jesu verstehen und bewältigen?

Der erste Höhepunkt der Karwoche ist der Gründonnerstag. Mit ihm beginnt das sogenannte »Triduum sacrum«, das Geheimnis der heiligen drei Tage. Wir feiern die Einsetzung der Eucharistie beim letzten Abendmahl. Jesus wollte uns ein sichtbares Zeichen hinterlassen, um uns seine Liebe bis zur Vollendung zu erweisen. Die Eucharistie ist der Ort, an dem wir täglich neu das Geheimnis seiner Liebe erfahren dürfen. Indem Jesus das Brot brach und es den Jüngern gab, indem er den Kelch als Zeichen des neuen Bundes segnete und den Jüngern reichte, machte er deutlich, wie er selbst seinen Tod am Kreuz verstand: als Vollendung seiner Liebe, als Hingabe für uns. Er hätte sich auch vor der Gefangennahme zurückziehen und in ein anderes Land fliehen können. Doch er hat standgehalten, weil er die Jünger, denen er die Liebe Gottes gepredigt und in seinem konkreten Tun erwiesen hat, nicht verlassen wollte. In seinem Tod am Kreuz zeigte er ihnen, dass er sie bis in die letzte Konsequenz hinein liebte. In jeder Eucharistie haben wir teil an Jesu Liebe, die auch den Tod nicht scheute.

Jede große Liebe überwindet den Tod. Als Zeichen seiner Liebe hat Jesus den Jüngern die Füße gewaschen. Dieser altehrwürdige Ritus wird in der Abendliturgie vom Priester vollzogen. Er wäscht zwölf Männern und Frauen aus der Gemeinde die Füße, um sichtbar werden zu lassen, was Jesus an uns in seinem Tod am Kreuz getan hat. Da hat er sich zu uns herabgebeugt, bis hin zum Staub des Todes, und hat unsere verschmutzten und verwundeten Füße gewaschen und geheilt.

8

DAS GEHEIMNIS UNSERER BEFREIUNG

Viele begehen den Karfreitag als stillen Tag. Sie frühstücken schweigend und hören dabei passende Musik. So ein schweigendes Frühstück bei geeigneter Musik verbindet die Familie auf andere Weise als die üblichen Gespräche. Manche fasten am Karfreitag. Sie essen nur trockenes Brot oder beschränken sich auf Getränke. Es tut der Seele gut, wenn dieser Tag aus dem üblichen Trott herausgehoben wird, wenn wir persönlich und als Familie unsere eigenen Karfreitagsrituale üben. Manche Familien beten gemeinsam Psalmen oder meditieren miteinander den Kreuzweg.

Der Höhepunkt des Karfreitags ist die Liturgie um 15 Uhr, der Todesstunde Jesu. Sie ist bei den Katholiken eine altehrwürdige Feier, keine Eucharistiefeier, sondern eine Liturgie, die allein durch Worte, Gesänge und Riten geprägt ist. Sie beginnt mit einem langen Schweigen, zu dem sich der Priester und die Altardiener flach auf den Boden legen. Durch diese ungewöhnliche Gebärde drücken die Liturgen aus, dass wir uns dem Geheimnis des Todes Jesu am Kreuz nur schweigend nähern können. Dann wird die Passion aus dem Johannesevangelium vorgesungen oder vorgelesen. Johannes schildert die Passion Jesu ähnlich wie die Synoptiker: mit Gefangennahme, Verhör beim Hohepriester, Verhör bei Pilatus, Geißelung und Kreuzigung. Doch Jesus schreitet souverän durch diese Stationen seines Leidens. Schon zu Beginn hebt Johannes hervor, wer dieser Jesus ist, den die Häscher gefangen nehmen. Vor ihm fallen sie nieder, und ungewollt müssen sie ihm als dem wahren König huldigen. Pilatus versucht Jesus einzuschüchtern. Aber obwohl er die politische Macht besitzt, erscheint er vor Jesus ohnmächtig und schwach. Jesus nennt den Grund seiner Souveränität: »Mein Königtum ist nicht von dieser Welt« (Johannes 18,36). Jesu Würde ist nicht von dieser Welt. Er ist vom Himmel auf die Erde herabgestiegen. Die Welt hat keine Macht über ihn, auch wenn es nach außen so aussieht.

Wir hören die Passion Jesu nicht, um ihn zu bewundern, sondern um in Jesus Christus die Überwindung des eigenen Leidens zu meditieren. Wir erleben in unserem Leben die gleichen Leidensstationen, die Jesus uns vorausgegangen ist. Wir werden gefangen genommen, verurteilt, missverstanden, verletzt, ausgestoßen und zuletzt an das Kreuz unserer eigenen Gegensätzlichkeit geschlagen. Dort werden wir einsam durch das Tor des Todes schreiten. Aber bei all dem gilt auch für uns, dass es in uns ein Königtum gibt, das nicht von dieser Welt ist, dass es in uns etwas Göttliches gibt, über das diese Welt keine Macht hat. Das schenkt uns das Vertrauen, dass wir mit Jesus in Freiheit und Würde unseren Weg zur Herrlichkeit Gottes gehen werden.

Nach den großen Fürbitten, in denen die Kirche für alle Menschen auf der weiten Welt betet, bildet die Kreuzverehrung den Höhepunkt der Karfreitagsliturgie. Das Kreuz wird nicht als Symbol des Leidens verehrt, sondern als Bild für unser Heil. Das Kreuz ist Zeichen, dass Christus alle Gegensätzlichkeit des Menschseins angenommen und verwandelt hat durch seine Liebe, die er uns am Kreuz bis zur Vollendung erwiesen hat. Nichts mehr in uns ist ausgeschlossen von dieser Liebe Gottes. Alles in uns ist berührt von seiner Liebe, die in dem am Kreuz ausgestreckten Gottessohn am klarsten aufgeleuchtet ist. Daher besingen wir angesichts des Kreuzes unsere Freude über Jesu Liebe. »Dein Kreuz, o Herr, verehren wir, und deine heilige Auferstehung preisen und rühmen wir: Denn siehe, durch das Holz des Kreuzes kam Freude in alle Welt.«

Das Kreuz will nicht bedrücken, sondern erheben, nicht verletzen, sondern heilen, nicht belasten, sondern erleichtern. Im Kreuz schauen wir das Geheimnis unserer Erlösung, das Geheimnis unserer Heilung und Befreiung.

9

IN DER TIEFE

Für viele ist der Karsamstag nur ein Tag des Putzens und der Ostervorbereitung. Doch gerade dieser stille Tag hat eine ganz eigene spirituelle Bedeutung. Jesus ist nicht nur für uns gestorben, er war drei Tage lang im Grab. Und so sollten wir uns dem geistlichen Gehalt dieses Tages bewusst aussetzen. Das geschieht am besten in der Stille, in der wir uns der eigenen Wahrheit und der eigenen Grabessituation stellen. Christus ist in das Reich des Todes hinabgestiegen, in den Hades, in das Reich des Schattenhaften. Ich kann mir vorstellen, wie Jesus in meine Schattenbereiche hinabsteigt. Was schließe ich aus vom Leben? Wo möchte ich nicht hinschauen? Wo habe ich etwas verdrängt, hinabgedrückt in die Dunkelkammern meiner Seele? Wo weigere ich mich hinzuschauen? Was möchte ich vor mir, vor anderen und vor Gott verbergen?

Gerade in diese Bereiche des Todes und der Dunkelheit möchte Christus hinabsteigen, um all das Erstarrte und Erstorbene, das Dunkle und Vermoderte in mir zu berühren und zum Leben zu wecken. Die Ikonen der Ostkirche stellen die Auferstehung Jesu immer so dar, dass Christus aus dem Reich des Todes heraufsteigt und die Toten bei der Hand nimmt. Karsamstag ist der Tag, an dem ich Christus hinabsteigen lasse in mein Totenreich, damit er all die Toten und das Tote in mir an der Hand nimmt und wieder heraufführt in das Licht und es so zum Leben weckt.

Christus war im Grab. So lädt mich der Karsamstag ein, meine innere Grabessituation anzuschauen. Was sollte ich begraben? Welche Verletzungen meiner Lebensgeschichte sollte ich begraben? Wenn ich die vielen Kränkungen begrabe, höre ich auf, sie als Waffe gegen andere zu benutzen. Ich werde sie nicht mehr als stillen Vorwurf gegen jene in mir tragen, die mich verletzt haben. So kann ich meinen Groll, meine Ressentiments, meine Bitterkeit ablegen. Ich brauche sie nicht mehr als Vorwand, um meine Lebensverweigerung zu rechtfertigen.

Ich soll auch meine Schuldgefühle begraben, mit denen ich mich zerfleische, um die ich immer wieder kreise. Ich darf darauf vertrauen, dass Christus auch in meine Schuldgefühle hinabgestiegen ist, in all die innere Marter, die ich mir mit meinen Schuldvorwürfen bereite, um mich davon zu befreien. Wenn ich aufhöre, um meine Schuld zu kreisen, dann kann ich wirklich aufstehen zu neuem Leben.

Am Karsamstag steige ich in mein eigenes Grab hinab und stelle mir vor, wie Christus da in der Dunkelheit meines Grabes ruht, um alles zu neuem Leben zu erwecken. Christus ist hinabgestiegen in das Grab meiner Angst, meiner Resignation, meines Selbstmitleids, meiner Lebensverneinung, um mich in der Tiefe meiner Seele zu heilen und zu verwandeln. Nur wenn ich den Mut aufbringe, mein Grab zu meditieren und alles zu begraben, was mich vom Leben abhält, werde ich an Ostern als erlöster und befreiter Mensch auferstehen.

10

DAS FEST DES LEBENS

An Ostern feiern wir nicht nur die Auferstehung Jesu, sondern auch unsere eigene. Die Liturgie der Osternacht beginnt mit der Dunkelheit. Wir halten es nochmals bewusst aus in der Dunkelheit unseres Grabes. Gemeinsam sitzen wir in der dunklen Kirche. Aber dann betritt der Diakon mit der Osterkerze die Kirche – und das Licht einer einzigen Kerze erhellt die Dunkelheit. Dieses Licht wird weitergegeben an die Gläubigen, die ihre Osterkerze mitgebracht haben. Viele haben ihre Osterkerze selber verziert: mit Symbolen, die für sie Leben und Licht bedeuten. Und während wenig später der Diakon den wunderbaren Gesang des »Exsultet« singt, halten alle ihre brennende Kerze in die eigene Dunkelheit, damit es in ihrem Herzen heller werde, damit die Ostersonne auch in ihnen aufleuchte und alle Dunkelheit vertreibe. Das Licht Christi möchte in alle Winkel unseres Herzens dringen, die Wärme des Lebens in die innere Kälte bringen, die Lebendigkeit in die Starre, Vertrauen in die Angst.

Zum Osterfest gehört das »Halleluja«. Nach den vierzig Tagen der Fastenzeit erklingt das »Halleluja« in der Osternacht zum ersten Mal. Damit wir uns an den freudigen Klang des Osterliedes gewöhnen, singen wir es gleich drei Mal, jedes Mal einen Ton höher, damit es immer tiefer in das Herz eindringt und dort alle Trauer vertreibt. Die Auferstehung muss besungen werden. Sie braucht einen Ausdruck. Es genügt nicht, nur mit dem Kopf daran zu glauben. Der Leib will auferstehen. Er tut es im Singen. Im Singen wächst in uns die Liebe zu dem, den wir besingen. Im Osterhalleluja singen wir uns in das Geheimnis der Liebe hinein, die stärker ist als der Tod. Aber die Freude über die Auferstehung Jesu und über meine eigene werde ich nur dann wirklich erspüren, wenn ich mit ganzem Herzen singe. Da muss der ganze Mensch zum Gesang werden. Nur so wird er die Liebe fühlen, die der Auferstandene in ihm erwecken möchte. Im Singen entsteht vor unseren Augen ein Bild dessen, den wir besingen.

Da erahnen wir, dass der Auferstandene unter uns ist und uns Anteil schenkt an der Weite und Freiheit seiner Auferstehung.

Ostern ist die Feier des Lebens. Wir feiern die Überwindung des Todes durch das Leben. Christus hat den Tod besiegt. Das Leben ist stärker als der Tod. Es ist nicht mehr totzukriegen. Dieses Leben muss gefeiert werden. Es wird gefeiert im festlichen Mahl der Eucharistie. Es wird gefeiert, indem wir einander »Frohe Ostern« wünschen. Es braucht ein neues Miteinander.

Ich habe mehr als zwei Jahrzehnte lang die Osterkurse für Jugendliche und junge Erwachsene geleitet. Da war es üblich, dass sich die jungen Menschen an Ostern umarmt haben, um sich gemeinsam an der Auferstehung zu freuen. Und sie haben miteinander getanzt. Sie haben gespürt, dass die Auferstehung einen leibhaften Ausdruck braucht. Im Tanzen fallen die Fesseln ab, die uns gefangen halten. Da ahnen wir etwas von der Freiheit und von der Schönheit unseres Leibes. Da tanzen wir uns in das Leben hinein, das der Auferstandene uns schenkt.

Fünfzig Tage lang feiern wir Ostern. Ostern will unseren Alltag verwandeln. Unser Alltag ist der Test, ob wir uns an Ostern nur in eine Euphorie hineingefeiert haben oder ob die Auferstehung mitten in unserem Leben geschieht. Wir üben uns ein in das Leben der Auferstehung. Wir lernen, immer wieder aufzustehen, wenn in der Arbeit etwas misslingt, wenn in der Beziehung Konflikte entstehen, wenn wir versagen und über uns enttäuscht sind. Auferstehung heißt, immer wieder aufzustehen, nicht liegen zu bleiben, wenn wir gefallen sind. Und Auferstehung heißt, dass ich daran glaube, dass der Auferstandene mit mir geht.

Christus tritt immer wieder vom anderen Ufer aus in mein Leben, um mir zu zeigen, dass die Auferstehung das Vergebliche verwandelt ins Gelingen, dass das Tote lebendig wird, das Dunkle hell. Der Glaube an die Auferstehung heilt mein verwundetes Leben und lehrt mich, aufzustehen in das wahre Leben, in das Leben, das Gott mir zugedacht hat. Auferstehung will mich hier und jetzt schon das Leben lehren. Und sie verheißt mir, dass dieses Leben auch die Schwelle des Todes übersteht, dass es nicht totzukriegen ist, weil in Jesu Tod und Auferstehung die Liebe den Tod für immer besiegt hat.

NEUES LEBEN

Ich wünsche Ihnen, dass Sie im Blick auf das Geheimnis des Lebens Jesu das Rätsel Ihres eigenen Lebens verstehen und dankbar sind für das Geheimnis Ihres Lebens, in dem Sie dem Geheimnis Gottes selbst auf die Spur kommen. Und ich wünsche Ihnen ein frohes und Leben spendendes Osterfest in dem Glauben, dass auch für Sie die Liebe stärker ist als der Tod.

Ihr Anselm Grün

AM ERSTEN TAG DER WOCHE

Aus dem Johannesevangelium

Am ersten Tag der Woche kam Maria von Magdala in aller Frühe, als es noch dunkel war, zum Grab und sah, dass der Stein vom Grab weggenommen war … Maria aber stand draußen vor dem Grab und weinte. Während sie weinte, beugte sie sich in das Grab vor und sah zwei weiß gekleidete Engel dasitzen, einen am Kopfende und einen am Fußende der Stelle, wo der Leichnam Jesu gelegen hatte.

Sie sagten zu ihr: Frau, warum weinst du?

Sie antwortete ihnen: Weil man meinen Herrn weggenommen hat und ich weiß nicht, wohin man ihn gelegt hat.

Nach diesen Worten wandte sie sich um und sah Jesus dastehen, wusste aber nicht, dass es Jesus war.

Jesus sagte zu ihr: Frau, warum weinst du? Wen suchst du?

Sie meinte, es sei der Gärtner, und sagte zu ihm: Herr, wenn du ihn fortgetragen hast, sag mir, wohin du ihn gelegt hast. Dann werde ich ihn holen.

Jesus sagte zu ihr: Maria!

Da erkannte sie ihn und sagte auf hebräisch zu ihm: Rabbuni!, das heißt: Meister.

Jesus sagte zu ihr: Halte mich nicht fest; denn ich bin noch nicht zum Vater hinaufgegangen. Geh aber zu den Brüdern und sag ihnen: Ich gehe hinauf zu meinem und eurem Vater, meinem Gott und eurem Gott.

Maria aus Magdala ging zu den Jüngern und verkündigte ihnen: Ich habe den Herrn gesehen, und dies habe er ihr gesagt.

Anselm Grün, geboren 1945, Dr. theol., ist Benediktinermönch und Verwaltungsleiter der Abtei Münsterschwarzach, spiritueller Begleiter und Kursleiter für Meditation, tiefenpsychologische Traumdeutung und Kontemplation. Zahlreiche Veröffentlichungen zur Spiritualität und Lebenskunst. Anselm Grün gehört weltweit zu den meistbeachteten christlichen Autoren unserer Zeit.

Erweiterte Neuausgabe 2012
Bisheriger Titel: *Österlich leben*

MIX
Papier aus verantwortungsvollen Quellen
FSC
www.fsc.org
FSC® C106847

www.herder.de

Umschlagmotiv: © age fotostock / stockfood.de
Umschlaggestaltung:
Gabriele Pohl + Margret Russer, München
Satz: Atelier Georg Lehmacher, Friedberg (Bay.)
Vignetten im Innenteil:
S. 10, 91: Georg Lehmacher;
alle anderen Vignetten: Dover Publications, Inc.
Herstellung: fgb · freiburger graphische betriebe
www.fgb.de

Printed in Germany
ISBN 978-3-451-32477-2